Tokio
lieben lernen

*Der perfekte Reiseführer für einen unvergessli-
chen Aufenthalt in Tokio inkl. Insider-Tipps und
Packliste*

Marina Lauser

✈ INHALT

Ein kleiner Einblick in das Buch

In diesem Buch erzähle ich Ihnen, warum jeder mindestens einmal im Leben Tokio besucht haben sollte. Jeder, der schon einmal dort war, wird Ihnen bestätigen, wie atemberaubend schön die Stadt ist, voller Leben, voller Kultur und natürlich auch voller köstlicher Leckereien. In Tokio ist immer etwas los, zu jeder Tageszeit leuchtet Ihnen von irgendwo ein strahlendes Neonschild entgegen, das Sie freundlich einlädt, hereinzukommen. Es ist für jeden etwas dabei, ob Karaoke-Bars, Restaurants, Kaffees, unter anderem auch Maid-Kaffees, aber dazu später mehr, Bekleidungsläden und viele weitere interessante Orte. Tauchen Sie ein in eine Welt, die Sie nicht mehr loslassen wird.

Tokio und seine Geschichte

Tokio ist wirklich gigantisch und als die Hauptstadt Japans mit mehr als 9,6 Millionen Einwohnern (Stand 01. Oktober 2019) fast dreimal so groß wie Berlin. Tokio gehört zur Kanto-Region, dort sitzen auch die japanische Regierung und der Tenno (auch Kaiser genannt). Die japanische Währung nennt sich Yen. 100 Yen entsprechen 0,82 Euro. Angefangen hat alles, als Ota Dokan im Jahr 1446 in einem Sumpfgebiet am Nordufer, die heutige Bucht von Tokio, mit dem Bau der Burg Edo begonnen hat. Zu dieser Zeit war sie nur von ein paar Fischerdörfern umgeben. In der Schlacht von Sekigahara 1590 ging die Burg nach einer Niederlage an ihren neuen „Besitzer" Tokugawa Ieyasu über und läutete damit die Edo-Zeit ein. Dies wurde dann neben Kyoto zum politischen und kulturellen Zentrum des Landes. 1868 wurde die Burg restauriert, mit der sogenannten Meiji-Restauration. Zu dieser Zeit wurde die Burg auch zum Kaiserpalast ernannt und die Stadt Edo wurde in Tokio umgetauft, was daran lag, dass der Tenno nach Edo verlegt wurde.

Tokio bedeutet so viel wie „Östliche Hauptstadt". 1910 war die Bevölkerung mittlerweile auf 2 Millionen Einwohner angestiegen und zählte von da an zu einer der größten Städte der Welt. Im Zweiten Weltkrieg war Tokio vielen Luftangriffen durch die USA ausgesetzt und verlor damit einen großen Teil seiner Bevölkerung. Als der Krieg vorbei war erholte sich Tokio jedoch sehr schnell von den Angriffen und die Einwohnerzahl nahm wieder stark zu. Es werden heutzutage auch mehrere Theatervorführungen angeboten, die diese Geschichte genau erzählen und auch viele Museen stellen die Geschichte dar.

Tokio und seine Kultur

In Tokio gibt es gleich mehrere kulturelle Ereignisse und Traditionen, die auch für Reisende auf bezaubernde Art und Weise dargestellt werden. Es werden auch verschiedene Kurse angeboten, um einige Traditionen selbst einmal miterlebt zu haben. Damit Sie sich von den einzelnen Kulturen ein besseres Bild machen können, zähle ich im Anschluss ein paar auf und erläutere sie genauer.

Der Kimono/Yukata:

✧ So wird in Tokio das wunderschöne traditionelle Gewand genannt. Er wird auch als „Wafuku" betitelt, was so viel wie japanische Kleidung bedeutet. Es gibt ihn in vielen verschiedenen Ausführungen, Mustern und Stoffen, damit man für jeden Anlass immer perfekt gekleidet ist. Für jeden ein Muss, einmal so einen Kimono getragen zu haben. Beim Anziehen wird einem meistens von einer Einheimischen geholfen, da er auf eine spezielle Art und Weise gebunden oder gewickelt wird. Heutzutage wird ein Kimono meistens zu Hochzeiten oder zu Neujahr getragen. Je nach Wetter und Jahreszeit gibt es auch verschiedene Arten der Kimono, einige sind extra für den Winter ausgelegt, sodass man nicht friert, andere wiederum sind extra dünn, damit man im Sommer nicht zu sehr schwitzt und die kühle Brise spüren kann. Passend dazu gibt es dann noch sogenannte „Geta", passende Holzsandalen, die entweder mit Socken oder auch ohne getragen werden können. Außerdem gehört noch ein kleiner Stoffbeutel dazu. Ein günstiger Kimono kann schon für ca. 3500 Yen, umgerechnet 25 Euro in einem Supermarkt erworben werden. Teurere und hochwertigere Kimonos finden sich auch in speziellen Kaufhäusern. Kimonos können auch ausgeliehen werden, wenn man sich keinen eigenen kaufen möchte, zum Beispiel bei „TOKYO KIMONO RENTAL". Wenn vorher online reserviert wird, bekommt man meistens sogar noch einen Rabatt.

Die Teezeremonie:

✧ Bei der traditionellen Teezeremonie nutzt man die Gelegenheit mit sich in Einklang zu kommen und sich geistig zu erfrischen. Die Zeremonie drückt aus „Lebe für den Moment". Die ganze Atmosphäre durch die Utensilien und Teeschalen lassen Sie einen unvergleichlichen Augenblick erleben.

Sumoringen und die Geschichte dahinter:

✧ Die Sportart Sumoringen ist schon so alt wie die Geschichte Japans selbst und in der nationalen Tradition und Kultur verankert. Im Mittelalter waren Ringkämpfe ein fester Bestandteil von religiösen Volksfesten in Japan. Zu dieser Zeit endete ein Kampf immer mit dem Tod des jeweiligen Gegners. Erst im 15. Jahrhundert entwickelte sich daraus die Sportart Sumo. Anfangs noch zur Belustigung der adeligen

Gesellschaft bei Hofe, später als das japanische Kaiserreich immer mehr an Ansehen erlangte, erkannte das Militär den Zweck und Wert der Schaukämpfe für kriegerische Angelegenheiten. Dort wurden die Soldaten dann in dieser Sportart ausgebildet, was auch der breiten Volksmasse den Zugang gewährte. Damit sich die jeweiligen Kämpfer nicht gegenseitig behinderten, wurde jeder Kampfbereich mit einem Kreis abgegrenzt. Später entwickelte sich eine ehrenhafte Sumo-Organisation aus professionellen Ringern. Der Beginn der bürgerlichen Gesellschaft führte dazu, dass auch Frauen an dem bekannten Sport teilnehmen durften. Jedoch sind die professionellen Sumo-Schulen bis heute den Jungen vorbehalten. Als wesentlicher Bestandteil der nationalen Tradition und Kultur sind die Schaukämpfe ein Höhepunkt für jeden Reisenden.

Kabuki:

✧ Kabuki ist als Unterhaltung des gemeinen Volkes in der Edo-Zeit entstanden und reizt die Leute bis heute. Die Schauspieler sind auf extreme Art und Weise geschminkt, um ihre Emotionen in den dynamischen Tänzen bestmöglich darzustellen. Bei dem

Besuch bekommt man als Reisender Kopfhörer, mit denen die meisten Texte ins Englische übersetzt werden. Die Tänze, Emotionen und Darstellungen auf der Bühne machen diese aber fast überflüssig, da man auch so alles ohne Probleme verstehen kann. Die Schauspieler erzählen die Geschichten in ihrer eigenen atemberaubenden Sprache, die auf spezielle Art berührt und einen verstehen lässt, ohne japanisch sprechen zu müssen. Ein Muss für jeden Fan der Theaterkunst und körperlichen Darstellung.

Ukio-e:

✧ Ukio-e sind wunderschön bemalte Holzdrucke, die für ihre lebhaften und brillanten Darstellungen der Natur bekannt sind. Das erste Mal aufgetaucht sind diese Kunstwerke im 17. Jahrhundert und haben damit die Struktur der japanischen Kunst geprägt. Eines der bekanntesten Kunstwerke ist der in 36 Ansichten gezeigte Berg Fuji von Katsushika Hokusai. In dem Ota Gedächtnismuseum wird Ukio-e von der Tokugawazeit bis zum Ende des 20. Jahrhunderts gezeigt.

Sudare:

✦ Sudare sind traditionelle, falt- und rollbare Jalousien, die das Design in japanischen Häusern zum größten Teil ausmachen und in eine ruhige harmonische Stimmung bringen. Im Sommer sorgen sie dafür, dass eine kühle Brise hereinströmt, um die Hitze etwas zu lindern, und im Winter halten sie die Wärme in den Zimmern. Sie sorgen immer für ein angenehmes Klima und das ganz ohne irgendwelche Hilfsmittel wie Strom, Öl oder sonstiges. Außerdem werden sie zum Schutz vor Regen und Sonne genutzt. Auch wenn sie von außen eher schlicht wirken, werden die Sudare von Handwerkern mit jahrzehntelanger Erfahrung in einem komplizierten Prozess aus Bambus gefertigt.

Cochin:

✦ Die zarten und prachtvollen Papierlaternen wurden ursprünglich zur einfachen nächtlichen Beleuchtung genutzt und auch heute noch trifft man sie in seltenen Fällen auf seinem Weg durch die Straßen. Besonders bei dem im Sommer veranstalteten Obon-Festen strahlen sie in mehreren Regionen in vollem Glanz. In vielen traditionellen Restaurants werden sie heute noch zum Erhellen der Räume benutzt.

Die Laterne besteht aus bambusstrukturartigem japanischem Papier und besitzt eine Kerze im Inneren der Laterne. Sie ist eines der am meisten geschätzten Kunstwerke Japans. Wenn man selbst mal eine solche Laterne beschriften und bemalen möchte, ist Oshimaya Onda die beste Anlaufstelle. Jedoch sind die Kurse nur in Japanisch, also wäre es besser, wenn man vorher ein paar Brocken japanisch lernt, um sich verständigen zu können.

Kalligrafie:

✧ Kalligrafie, oder wie es die Japaner nennen „Shodo", wird schon in den Grundschulen des gesamten Landes gelehrt, wodurch jeder Japaner die kalligrafierten Schriftzeichen auf Anhieb versteht und deren Bedeutung erläutern kann. Nicht nur das Schreiben an sich ist hier von Wichtigkeit, sondern auch die Schönheit der geschriebenen Zeichen. Diese genannte Schönheit ist Teil der Botschaft, welche mit sanften und starken Linien die Persönlichkeit des Schreibers widerspiegelt. Oft wird sie in Japan auch auf Speisekarten in Restaurants oder auf

Schildern in traditionellen Geschäften verwendet. Es gibt auch ein eigenes Museum für Kalligrafie im Iidabashi Bezirk, welches kalligrafische Werke ausstellt.

Sehenswürdigkeiten

In Tokio gibt es viele wunderschöne und beeindruckende Orte, die man besichtigen sollte, sobald man die Möglichkeit hat.

Als Erstes sollte der *kaiserliche Palast* besichtigt werden, der sich im Zentrum der Stadt befindet. Noch heute wohnt die japanische kaiserliche Familie in besagtem Palast, wodurch man ihn leider aber nicht von innen besichtigen kann. Jedoch kann man sich die östlichen Gärten der Familie angucken und man bekommt unter anderem einen Wehrturm aus dem Zweiten Weltkrieg zu sehen. Die Burg wurde in den 60er Jahren wegen der Beschädigungen des

Zweiten Weltkrieges komplett restauriert. In den östlichen Gärten befinden sich auch heute noch Überreste des ursprünglichen Palastes der Burg Edo.

Auch den *Tokio Tower* sollte man sich nicht entgehen lassen, da man von dort aus eine einzigartige Sicht über die ganz Stadt hat. Die Japaner betrachten ihn als das Wahrzeichen der Stadt. Er besteht aus zwei Aussichtsplattformen, eine auf 150 m Höhe und eine auf 250 m Höhe. Durch seine Stahlkonstruktion und die enorme Größe, ganze 333 m, wird er auch als der Eiffelturm Japans bezeichnet. Wobei er sogar ganze 9 m höher als der Eiffelturm in Paris ist. Auf der niedrigeren Plattform befinden sich ein Souvenirshop und ein eigenes Restaurant. Bei Einbruch der Nacht leuchtet der Tokio Tower in orangefarbenem Licht, was über hundert Scheinwerfern zu verdanken ist. Außerdem wurde er in orange-rot-weißen Farben gestrichen, damit die Flugzeuge ihn bei Nacht nicht übersehen können. Als kleiner Tipp am Rande, empfehle ich Ihnen den Tokio Tower von den 1,5 Kilometer entfernten Roppongi Hills zu betrachten, da die Sicht von dort aus am besten ist.

Ebenfalls sehr beliebt ist der *Meiji-Schrein*, der

sich inmitten der riesigen Stadt befindet und leicht mal übersehen werden kann, was daran liegt, dass sich seine Lage in dem kleinen Yoyogi-Park befindet. Der Park ist gerade einmal 1 km^2 groß und wird von mehreren Wanderwegen durchzogen. Ein Ort, an dem man einfach mal abschalten und sich entspannen kann. Gewidmet wurde der Schrein dem Kaiser Meiji-tenno und seiner Frau Shoten-kataigo. Errichtet wurde er 1920 und ist von imposanten Holzbögen und kunstvollen Verzierungen geprägt.

Das angesagteste Viertel, ist das *Shibuya-Viertel*, das eines der buntesten Stadtteile ganz Tokios ist. Dort gibt es zahlreiche Boutiquen, Restaurants und Nachtclubs, was es besonders für junge Japaner sehr ansprechend macht. Das inoffizielle Wahrzeichen der Stadt ist die Shibuya-Kreuzung, die wie kein anderer Ort das japanische Großstadtleben zeigt. Sie wird auch in vielen Filmen verwendet, z. B. in Fast and Furios: Tokyo Drift. Dazu kommt noch das in Shibuya das weltberühmte Hachiko-Denkmal steht. Hachiko war ein kleiner Akita-Hund, der sein Herrchen jeden Tag zur Shibuya-Station begleitete und nach der Arbeit wieder abholte. Nach dem Tod seines Herrchens hat er besagte Station bis zum Ende seiner Tage nie wieder verlassen, in der Hoffnung, dass sein Herrchen eines Tages zu ihm zurückkehrt. Die Geschichte wurde sogar verfilmt, wodurch diese noch mehr Anerkennung bekam.

Ein sehr bekanntes Beispiel für die aufwendige und kunstvolle Gestaltung, für die Japaner bekannt sind, sind die *Hamarikyu-Gärten*. In der wunderschönen Miniaturlandschaft kann man sich hervorragend einfach mal entspannen, abseits des Großstadttrubels. Ebenfalls gehört zu den Gärten ein Teehaus, für eine stilechte kleine Erfrischung zwischendurch. Außerdem findet man atemberaubend angelegte Teiche, Brücken und Wälder. Ein besonderes Highlight sind die mit Meerwasser gefühlten Seen, wo sich der Wasserstand nach Ebbe und Flut richtet. Außerdem haben Sie von den Gärten aus einen super Blick auf die Skyline von Tokio.

Außerdem sehr sehenswert ist der *Skytree* von Tokio, der bei seiner Eröffnung 2012 das zweithöchste Gebäude der Welt war. Auch er besitzt wie der Tokio Tower zwei Aussichtsplattformen jedoch in weitaus höheren Lagen. Die erste Plattform befindet sich in 350 m Höhe und die zweite in 450 m Höhe. Von dem Skytree aus kann man die gesamte

Stadt überblicken und sogar noch die umliegenden Kanto-Regionen. Wenn das Wetter mitspielt, kann man sogar den heiligen Berg Mt. Fuji erblicken. Am unteren Ende des Towers wurde eine Stadt passend zum Skytree errichtet, sie wird Tokyo Skytree Town genannt. Dort befinden sich eine Vielzahl an Geschäften, Freizeit- und Unterhaltungsangebote, um den Skytree abzurunden. In den Wintermonaten und frühmorgens soll die Sicht vom Tower aus am besten sein.

Für alle Elektronik-, Cosplay- und Videospiel-Fans, ist die *Akihabara Elecric Town* ein Muss. Hier dreht sich alles um die Welt der Animes, Mangas, Videospiele und Elektronik-Gadgets. Vor einigen Jahren war die Elektronik hier noch die treibende Kraft, es befinden sich auch bis heute eine Vielzahl an Fachgeschäften in der Stadt und sogar ein riesiges Einkaufszentrum, das sich komplett auf Elektronikartikel und Zubehör spezialisiert hat. In den letzten zehn Jahren hat sich jedoch die Welt der Mangas, Animes und Cosplays zum Großteil etabliert, da diese immer mehr an große Beliebtheit erlangt haben. Für diese spezielle Art der Subkultur gibt es sogar einen eigenen Namen, sie nennen sich Otakus.

Sie treffen sich dort mit ihren Freunden und sind immer auf der Suche nach dem neusten Manga, der neusten Anime-Figur, dem schönsten Cosplay und vielen wunderbaren weiteren Sachen. Cosplay bedeutet so viel wie „Costume play" und bezeichnet die Situation, wenn sich ein Otaku als einer dieser Manga- oder Animefiguren verkleidet. Sie schlüpfen dann ganz in die Rolle dieses Charakters und versuchen, diesen so gut es geht nachzuahmen. Dazu gehört nicht nur die Kleidung an sich, sondern auch Perücken, Kontaktlinsen, Make-up und Waffen oder Zubehör, meistens selbst erstellt aus harmlosen Materialien, um den Charakter perfekt abzurunden. Zwischen dem ganzen Wirbel werden immer mal wieder Pausen eingelegt, bevorzugt in den sogenannten Maidcafés, in dem die Kellnerinnen in Dienstmädchen-Uniformen umherlaufen und ihre Gäste mit „Mein Meister" ansprechen. Vor allem die männlichen Japaner fühlen sich sehr zu diesen Cafés hingezogen und genießen die Zeit, in der sie von ihrer persönlich zugeteilten Maid bedient werden.

Eines der ältesten und bedeutsamsten Heiligtümer von Tokio ist der buddhistische *Senso-Ji* Tempel, der im Stadtteil Asakusa liegt und bis auf das Jahr

645 zurückgeht. Das sogenannte Donnertor bildet den Eingang zum Tempelkomplex, welches von Statuen des Donnergottes Rajin und des Windgottes Fujin bewacht wird. Zum Tempel gelangt man über eine kleine Einkaufsstraße, welche Nakamise-dori heißt. Die Einkaufsstraße ist im Stil des alten Edo gestaltet und zeigt gut die damalige Zeit, auch wenn sich die Geschäfte mittlerweile dem heutigen Standard angepasst haben und von Souvenirs, Haushaltswaren bis hin zu Snacks, alles gekauft werden kann, was das Herz begehrt. Von dort gelangen Sie zum Hozomon-Tor mit den 5,5 m großen Nio-Statuen und im Anschluss zu der 53 m hohen Haupthalle.

Wenn man sich auf seiner Reise zwischendurch mal etwas entspannen möchte, kann man dies am besten im *Ueno-Park*. Er befindet sich im Erholungsgebiet des Stadtteil Ueno und besteht aus einer weitläufigen, schön angelegten Grünanlage, über die zahlreiche Attraktionen verteilt sind. Eine buddhistische Tempelanlage sowie ein kleiner See, mit einem Schrein in der Mitte des Sees, welcher über einen kleinen Gehweg vom Ufer aus erreicht werden kann. Außerdem befindet sich in der Anlage ein Zoo, welcher der erste im ganzen Land seiner Art war. Durch eine Schwebebahn sind die zwei Teile des Zoos miteinander verbunden. Von der Bahn aus hat man einen bezaubernden Blick über den Park und auf die historische Kan'ei-ji-Pagode. Zudem befindet sich das japanische Nationalmuseum ebenfalls auf dem Gelände, in dem man über 110.000 Exponate bestaunen kann, die über die Geschichte des Landes berichten. Dadurch gilt es als das bedeutendste Museum Tokios. Man sollte den Park unbedingt zur Zeit der Kirschblüten besuchen, da diese dann in voller Pracht erblühen und man atemberaubende Anblicke und Erinnerungen sammeln kann.

Und zu guter Letzt, sollte das *Roppongi-Viertel* nicht fehlen, dass vor allem für sein ausschweifendes Nachtleben bekannt ist. Hier reihen sich viele kleine Nachtclubs aneinander. Wenn man tagsüber in dem Viertel unterwegs sein sollte, lohnt sich das natürlich auch, besonders für die Kunstliebhaber unter uns. Hier haben sich über die Jahre viele Museen und Kunstgalerien angesiedelt. Zu den bekanntesten gehören „National Art Center", „Suntory Museum of Art" und das „Mori Art Museum". Das Mori Art Museum befindet sich im 52. und 53. Stock des

Mori Tower, vor dem auch eine riesige Maman-Spinnenfigur steht.

Natürlich gibt es noch sehr viele weitere Sehenswürdigkeiten. Die von mir Aufgezählten sind aber die in meinen Augen am wichtigsten, die man unbedingt gesehen haben sollte, wenn man die Chance dazu hat.

Schlafmöglichkeiten

In Tokio gibt es viele verschiedene Arten einer Schlafmöglichkeit. Sehr beliebt sind sogenannte *„Bed & Breakfast"* bei einer japanischen Familie, da diese einen immer freudig aufnehmen und einem außerdem auch noch super Tipps geben können, wie man am besten Geld spart oder wo man unbedingt hingehen muss, wenn man Tokio besichtigt. Es gibt auch Familien, die einem Tokio selbst zeigen und was könnte besser sein, also sich Tokio mit einer einheimischen Familie anzugucken, die sich bestens auskennt und auch Geheimtipps kennt?

Wenn man jedoch eher weniger offen oder

kontaktfreudig ist, aber nicht zu viel Geld ausgeben möchte, dann kann man sich auch zum kleinen Preis eine *Unterkunft mieten* und sich dort selbst versorgen.

Außerdem gibt es sogenannte *„Kapsel"*-Hotels, in denen man kein ganzes Zimmer bekommt, sondern nur eine kleine Kapsel mit einer einzelnen Matratze drin. Die Kapsel hat ungefähr eine Größe von 2 m^2 und eine Höhe von ca. 1,20 m. Oft sind sie auch mit kleinen Fernsehern und weiteren Extras wie Klimaanlagen, Steckdosen und USB-Anschlüssen ausgestattet, um einem den Aufenthalt so angenehm wie möglich zu gestalten. Zusätzlich befindet sich noch ein Vorhang oder ein Rollo vor der Tür, damit man auch Privatsphäre hat. Zu jeder Kapsel gehört ein abschließbares Fach. Um sich zu erfrischen oder zu erleichtern wird ein Gemeinschaftsbad zur Verfügung gestellt, außerdem gibt es Restaurants und Essbereiche in denen Verkaufsautomaten stehen. Viele bieten mittlerweile sogar typisch japanische Bäder an, sogenannte „Onsen".

Natürlich gibt es auch ganz *normale Hotels,* in denen man ein eigenes Zimmer mit Bad bekommt. Auch Frühstück-, Mittag- oder Abendessen kann vorab dazu gebucht werden.

Was jedoch auch beachtet werden sollte, ist das es sogenannte *„Rabu Hoteru"* gibt. Dies sind Liebeshotels für Paare, in denen nur einige Stunden oder maximal eine Nacht ein Zimmer gebucht werden kann. Länger werden die Zimmer nicht vergeben, außerdem sind sie nur auf das Liebesspiel der Paare ausgelegt und nicht auf dem Standard eines normalen Schlafhotels. Diese Hotels nutzen die verliebten Japaner, um sich näher zu kommen, da Annäherungen in der Öffentlichkeit nicht gewünscht sind.

Für Reisende, die es lieber etwas verrückter oder außergewöhnlicher mögen, gibt es zum Beispiel das *Keio Plaza Hotel*, das sich ganz dem Motto „Hello Kitty" widmet. Die Räume wurden in passenden Themen eingerichtet. Ein Zimmer nennt sich zum Beispiel Kitty Town und ein anderes wird Prinzeninsel-pinke Princess Kitty genannt. In den Zimmern gibt es Hello Kitty Puppen, Kuchen, Kerzen und vieles weitere in der beliebten Katzen Optik.

Vermeiden sollten Sie jedoch „Airbnb" Hotels, da es bei vielen Reisenden schon vorgekommen ist, dass die Reservierung einfach aufgehoben wurde und man dann ohne Zimmer und Unterkunft in

Tokio landet.

Essen in Tokio

Es gibt verschiedene typisch japanische Gerichte, die Sie unbedingt mal direkt in Tokio von Kochprofis probieren sollten. Die japanische Küche ist sehr vielfältig und einzigartig. Durch ihre Vielfalt ist für jeden etwas dabei und wird einen verzaubern.

Das typischste japanische Gericht von allen ist das *Ramen.* Dieses Gericht besteht aus Nudeln, die meistens in Suppe verarbeitet und mit verschiedenen Zutaten verfeinert werden. Zutaten können unter anderem Fleisch, Fisch oder Gemüse sein, damit sowohl Vegetarier als auch Fleischessende auf ihre

Kosten kommen. Als passendes Restaurant dazu, würde ich Ihnen den kleinen unscheinbaren, aber superleckeren „Takesaburo" empfehlen, in dem jeder Mitarbeiter Sie mit einem Lächeln begrüßt und verabschiedet.

Wenn Sie morgens auf dem Weg zu Ihrer nächsten Sehenswürdigkeit Hunger bekommen, und nicht wissen was Sie sich denn jetzt genau holen sollen, dann kaufen Sie sich doch einfach mal ein *Melonbrot*. Dieses Brot ist ein luftiges Hefegebäck mit leicht knusprig-süßer Kruste, welches einem überall in der Stadt begegnet. Am besten schmeckt es natürlich frisch aus dem Ofen. Ein Melonbrot ist für einen Japaner, wie die Brezen für die Bayern.

Als weiteren deftigen Snack für zwischendurch kann ich auch *Okonomiyaki* empfehlen, welche immer aus Kohl und Ei bestehen und mit verschiedenen Fisch- oder Fleischsorten, Nudeln und weiteren variierenden Zutaten verfeinert und obendrauf noch mit Bonitoflakes bestreut werden. Bonitoflakes sind hauchdünne Flocken, bestehend aus getrocknetem Fisch. Zu guter Letzt folgt noch eine Okonomiyaki Soße, diese ähnelt unserer Mayonnaise. Als Geheimtipp würde ich Ihnen auch das Restaurant

„Rokumonya" in der Nähe des Shinjuku Station empfehlen. Auch die meisten Einheimischen besuchen
dieses Restaurant immer wieder gerne.

Was auf der Liste der Dinge, die man in Tokio
gegessen haben sollte, absolut nicht fehlen darf, ist
natürlich *Sushi* (vorausgesetzt man mag rohen Fisch
und/oder Gemüse). Für alle, die bereits Erfahrung
bei der Zubereitung von Sushi haben und sich ihren
Fisch lieber selbst zubereiten, ist der „Tsukiji Fisch-
markt" eine absolute Empfehlung. Hier gibt es den
frischesten Fisch mit ausgezeichneter Qualität. Aber
auch für Reisende, die sich ihren Fisch lieber von einem Kochprofi zubereiten lassen möchte, hat der
Markt einiges zu bieten, da es dort auch viele verschiedenen Sushi Lokale gibt. Am besten ist es natürlich, wenn sie morgens so früh wie möglich kommen,
da die neue Fischlieferung immer am frühen Morgen
ist, dadurch kann man sich sicher sein, dass sein
Fisch wirklich fangfrisch ist. Ab 09:00 Uhr öffnen die
Geschäfte des Marktes. Wenn man sich fragen sollte,
welche der beste und frischeste Laden von allen ist,
muss man einfach auf die Warteschlange davor ach-
ten. Denn je länger die Schlange, desto besser der
Fisch.

Für alle die es gerne etwas süßer mögen, kann ich die fliegenden Händler empfehlen, welche *Yakiimo* verkaufen. Yakiimo sind im Großen und Ganzen einfache Süßkartoffeln in einer Tüte. Die Kartoffeln werden dann einfach von Hand gepellt und im Ganzen gegessen. Vorsicht sei nur geboten, da die Kartoffeln recht klebrig sind, ähnlich wie unsere Pellkartoffeln. Fliegende Händler an sich sind recht schwer zu finden, da sie den ganzen Tag unterwegs sind und keinen festen Standplatz haben. Man erkennt sie jedoch an ihrem unverwechselbaren, süßen Geruch.

Fans von Crêpes sollten sich unbedingt einen *gefüllten Crêpe* holen. Die Auswahl hierbei ist riesig, was es schwer macht sich für ein einziges Crêpe zu entscheiden. Ob mit Banane, Karamell, Brownie, Eis, Zucker, Kuchen oder vielen weiteren supersüßen Dingen gefüllt, es ist für jeden Süßigkeiten-Liebhaber etwas dabei. Den passenden Laden dazu findet man auf der größten Einkaufsstraße Tokios, welcher „Crêpes Santa Monica" heißt.

Die Nudelliebhaber unter uns, sollten auch die sogenannten *Udon Nudeln* probieren. Dies sind sehr dicke Nudeln, die ähnlich wie bei den Ramen in verschiedenen Konstellationen angeboten werden. Wichtig beim Verzehr der Nudeln ist, dass man sie vor dem Essen in Soja-Sesam-Soße tunkt und dann schlürfend verzehrt. Schlürfen ist für die Japaner nämlich ein Zeichen dafür, dass es einem schmeckt. Je lauter, desto besser heißt es.

Ebenso weit verbreitet in Tokio sind gefüllte *Reisbällchen.* Es gibt sie in vielen verschiedenen Variationen, ob heiß mit Fleisch gefüllt, mit scharfer- oder Sojasoße, oder kalt mit süßer Füllung. An einem kleinen Stand auf dem Markt Ameyoko-Döri in der Nähe des Parks Ueno, findet man diese und kann sie dann gleich selbst einmal probieren.

Eine weitere sehr beliebte Süßspeise in Japan, sind die *Taiyaki.* Taiyaki ist ein japanisches Gebäck aus Pfannkuchenteig, welches auf traditionelle Art auf einer Bratplatte in Form eines Fisches gebacken wird. Traditionell wird es mit einer süßen Paste aus roten Bohnen gefüllt, man kann es aber auch mit englischer Eiscreme, Schokolade, Käse oder Süßkartoffeln füllen lassen.

Eine weitere beliebte Süßspeise sind *Dango.* Dango sind kleine, aus Reis hergestellte, Kugeln. Traditionell werden sie über heißen Kohlen gegrillt und mit Soya-Soße bestrichen. Dango gibt es schon seit Beginn der japanischen Geschichtsschreibung und ist damit die älteste Süßigkeit in ganz Japan.

Wer ein Fan von *Kit Kat* ist, wird in Japan in ein Paradies eintauchen. In Japan findet man Kit Kat in sämtlichen Geschmacksrichtungen. Ob mit grünem Tee gemischt, mit Wasabi verfeinert, mit Pudding gefüllt oder mit Orangenscheiben verziert. In Tokio ist Kit Kat keine Grenzen gesetzt, wie er zu schmecken hat.

Und zu guter Letzt sollte man sich in einem Einkaufsladen noch eine Packung *Mochi* holen. Mochi sind japanische Reiskuchen aus gemahlenem, kurzkörnigem Klebereis. Er wird mit verschiedenen Füllungen, unter anderem Anke (Bohnenpaste), Erdbeeren und Eiscreme oder in verschiedenen Geschmacksrichtungen wie Matcha (Grüner Tee), Schokolade oder auch Kirschblüte verkauft. Es gibt den Reiskuchen meistens in Kugel- oder Blockform. Auch wenn man Mochi das ganze Jahr über essen kann, wird er meistens an Neujahr von den Japanern verspeist.

Ein sehr beliebtes, aber auch verrücktes, einzigartiges Restaurant in Shinjuku, ist das „Roboter

Restaurant". Selbst der Wartebereich (da das Restaurant immer recht voll ist und man schon mal etwas länger auf seinen Tisch warten muss) am Eingang des Restaurants ist eine Show für sich. Überall befinden sind blinkende, in knalligen Farben leuchtende Lichter. Mehrere Fernseher sind an den Wänden angebracht und zeigen die Show im Inneren des Speisesaals und dazu wird man mit lauter, verrückter Musik beschallt. Wenn man dann endlich an seinem Tisch sitzt, beginnt die Show auch schon recht schnell. Man fühlt sich, als wäre man in einer verrückten TV-Show gelandet, in der riesige Roboter zu lauter Musik tanzen und dabei von blinkenden, flackernden Lichtern bestrahlt werden. Nebenbei tanzen auch noch ein paar hübsche Japanerin zu der Musik, auch wenn diese manchmal etwas untergehen, bei den riesigen Robotern.

Man fühlt sich, wie gesagt, als wäre man in einer anderen Welt. Eine Show, die man unbedingt mal gesehen haben sollte. Es werden, auch wenn es ein Restaurant ist, dort nur kleine Bento-Boxen serviert, da es ja im Großen und Ganzen mehr um die Show geht als um das Essen. Heißt, wenn man großen Hunger hat, sollte man vorher noch wo anders etwas essen gehen. Als schöner Nebeneffekt ist es erlaubt die Show mit einer Kamera oder einem Handy aufzunehmen, damit man sich die Show später erneut angucken oder Freunden und Verwandten zeigen kann, um diese zu animieren, sich die Show ebenfalls bei einem Tokio Aufenthalt anzusehen.

Info: Bento-Boxen sind sozusagen „Tupperdosen", die mit Fisch, Fleisch, Reis, Gemüse und Ei gefühlt sind. Die meisten Japaner nehmen diese Boxen eher mit zur Arbeit oder zur Schule, als Mittagsessen.

Wie leben die Menschen in Tokio?

In Tokio ist vieles anders als in Deutschland, zum einen sind die Untergrund- und Eisenbahnen immer pünktlich. Und wenn es mal den seltenen Fall geben sollte, dass sie doch zu spät kommt, dann entschuldigt sich der Fahrer persönlich bei jedem einzelnen Gast. Bei den einzelnen Fußballspielen ist es ähnlich. Die Mannschaft, die verloren hat, entschuldigt sich bei ihren Fans und räumt danach das komplette Stadion auf. Schon verrückt, wie förmlich und höflich die Japaner doch sind. Die einzelnen Wohnungen für Familien oder Junggesellen, sind sehr klein gehalten. Platzsparend sozusagen, da in Tokio ja sehr viele Menschen leben und man sonst nicht alle unterbekommen könnte.

Manche Wohnungen für Alleinstehende sind gerade einmal 6 Quadratmeter groß, für viele aber die einzige Möglichkeit. Bei Familien ist es ähnlich, meistens müssen sich die Geschwister ein Zimmer teilen und die Eltern schlafen auf einem Futon im Wohnzimmer, welchen sie tagsüber in einen Schrank räumen können, um Platz zu schaffen. Aber trotz des Platzmangels sind die Japaner nicht unglücklich, sie machen einfach das Beste aus der Situation und gestalten sich den Platz so gemütlich wie möglich. Viele Wohnungen sind sehr modern eingerichtet und sehr an die europäischen Einrichtungsstile angepasst. Andere wiederum sind dem traditionellen treu geblieben, statt eines richtigen Bettes, besitzen sie ein traditionelles Futon. Außerdem haben sie typische Wandschiebeschränke, Schiebewände aus Papier und Tee-Kochstellen. Sehr unterschiedlich zu unserer gewohnten Einrichtung, ist das Badezimmer in Japan ganz anders als bei uns. Es gibt in einem separaten Raum eine extra Badewanne, teilweise so klein, dass man darin nur im Schneidersitz oder mit angezogenen Beinen sitzen kann. Dazu kommt noch eine Dusche, mit Hocker, da die Japaner lieber sitzen beim Duschen. Prinzipiell wird immer erst geduscht, bevor man in die Wanne steigt, da es auch Haushalte gibt, in denen das Wasser nur einmal im Monat in der Badewanne gewechselt wird. Heißt das Wasser wird nach dem Baden nicht abgelassen. Die Toilette ist entweder total Hightech, mit Sitzheizung und Wasserstrahl, zur zusätzlichen Reinigung oder es ist einfach ein Loch im Boden, über das man sich Hocken muss, auch „Eastern Style" genannt. In jeder einzelnen Küche ist natürlich ein Reiskocher zu finden, da es einer der Hauptgerichte in ganz Japan ist. Reis wird so gut wie zu jeder einzelnen Mahlzeit gekocht und verzehrt.

Auch der Alltag der Japaner ist ganz anders als der unsere. Die Schüler verlassen früh morgens das Haus und laufen dann entweder zur Schule oder nehmen die Bahn. In der Schule angekommen, wechseln die Schüler in ihre Schulhausschuhe, da es in Japan normal ist, in der Schule keine Straßenschuhe zu tragen. Außerdem hat jede Schule ihre eigene Uniform, diese besteht meistens bei den Frauen aus einer Bluse oder einem Pullover, einem karierten Rock, hohen Strümpfen, die entweder bis zum Knie gehen oder darüber und braune Lederschuhe.

Die Jungs wiederum tragen ein Hemd, darüber einen Blazer und eine feine Stoffhose. Ein einzelner Schultag geht meisten bis 17:00 Uhr und danach finden noch verschiedenen Club-Aktivitäten statt. Ob Schwimmclub, Schülerrat (der von den Schülern selbst gewählt wird), Leichtathletik, Fußball, Turnen, Baseball und viele weitere. Daher kommen viele Schüler erst spät abends nach Hause. Die Bildung steht bei den wichtigen Dingen im Leben in Japan ganz weit oben. Daher lernen die Schüler von klein auf, mit Lernstress und Verantwortung umzugehen. Bei der arbeitenden Bevölkerung ist der Tag aber auch nicht kürzer.

In Japan ist es vollkommen normal, über 12 Stunden am Tag zu arbeiten, manchmal sogar noch länger. Dafür bekommt man aber auch keinen Ärger vom Chef, sollte man mal an seinem Arbeitsplatz vor Erschöpfung einschlafen. Einschlafen am Arbeitsplatz ist ein Zeichen dafür, dass man so viel für die

Firma tut und arbeitet, dass man vor Erschöpfung die Augen nicht mehr offenhalten konnte. Trotz der langen Arbeitstage finden die Japaner noch genug Zeit, um abends mit Freunden essen zu gehen oder sich in einer Bar zu treffen.

Do's und Don'ts in Japan

Das sollten Sie bei Ihrer Reise durch Tokio beachten, da vieles, was für uns selbstverständlich ist, in Japan ein totales „No Go" ist.

1. Niemals während des Laufens essen, trinken oder rauchen:

✓ In Japan ist es sehr unhöflich, beides gleichzeitig zu tun. Außerdem kann es dazu führen, dass man sein Essen verliert, ein anderer reintritt und dessen

Tag dann ruiniert ist. Es sind überall in Parks oder Städten kleine Essensecken und Raucherecken aufgebaut, damit man sich währenddessen entspannt hinsetzen kann.

2.   Beachten Sie den richtigen Umgang mit Ihren Essstäbchen:

✓   Stecken Sie Ihre Essstäbchen niemals von oben in eine Reisschale. Für die Japaner ist das ein absoluter Graus. So etwas wird nur bei einer Beerdigung getan, außerdem erinnert es an Tod und Unglück. Dazu sollte man sie niemals kreuzen.

✓   Geben Sie anderen Personen niemals essen mit Essstäbchen, die bereits Ihren Mund berührt haben. Dies ist sehr unhygienisch, sollten Sie Ihrem Partner trotzdem etwas Essen auf den Teller legen wollen, nutzen Sie die andere Seite der Essstäbchen.

✓   Reibe deine Essstäbchen nicht aneinander. Die meisten Essstäbchen werden als ein ganzes „serviert", heißt, man muss sie vorher auseinanderbrechen, um sie nutzen zu können. Wenn diese von nicht sonderlich hoher Qualität sind, entstehen Splitter beim Brechen. Wenn man seine Stäbchen aneinander reibt, zeigt das dem Personal, das man denkt, dass die Stäbchen in diesem Lokal von keiner sonderlich guten Qualität sind.

✓ Stich dein Essen nicht mit dem Essstäbchen auf, wie mit einem Spieß. So etwas ist sehr unhöflich, außerdem ist es nicht die richtige Weise Essstäbchen zu benutzen.

✓ Wenn du deine Essstäbchen gerade nicht im Gebrauch hast, lege sie zurück in die dafür vorgesehene Halterung, genannt wird sie „hashioki". Das sorgt dafür, dass sie sauber bleiben und nicht von dem Tisch fallen können.

✓ Für alle, die nicht wissen, wie man Essstäbchen richtig hält, hier eine kleine Anleitung:

a) Als Erstes nimmt man die Essstäbchen in eine Hand.

b) Danach nimmt man den oberen Stab zwischen den Daumen und den Zeigefinger.

c) Den unteren Stab legt man zwischen seinen Daumen, am unteren Ende des Daumens und legt die vordere Hälfte des Stabes auf dem Ringfinger ab.

d) Dann sollte man die Essstäbchen so bewegen können, dass die Spitzen sich berühren und man damit essen greifen kann.

3. Belästigen Sie keine Geishas oder Maikos mit Selfies:

✓ Für viele Reisende ist es vollkommen normal oder ein absolutes Highlight, einmal ein Selfie mit einer waschechten Geisha zu machen. Dies wird in Japan jedoch absolut nicht gerne gesehen, da die Damen nicht als Touristenattraktion zur Verfügung stehen und auch keine Prominenten sind. Wenn die Damen als Geisha durch die Stadt laufen, sind sie gerade am Arbeiten und in Eile, von einem Arbeitsplatz zum nächsten zu gelangen und haben dementsprechend auch keine Zeit für störende Touristen, die eine Foto erhaschen wollen. Sie dabei aufzuhalten ist sehr respektlos und führt dazu, dass die Geishas schlechte Laune bekommen könnten, eine Sache, die keiner auf der Arbeit haben möchte. Wenn man jedoch absolut nicht auf eine solche Art Foto verzichten kann, dann findet man in den Straßen auch sogenannte „Fake" Geishas. Sie sind leicht zu erkennen, da sie nicht in Eile und meisten in den populärsten Straßen unterwegs sind. Außerdem sind sie immer sehr erfreut darüber, wenn man sie nach einem Foto fragt.

4. Wenn Sie etwas trinken möchten, dann suchen Sie nicht nach dem nächstbesten Starbucks:

✓ Wenn man schon den ganzen Weg nach Japan auf sich genommen hat, dann nicht um sich in ein Starbucks zu setzen, Kaffee zu schlürfen und am Handy zu spielen. Anstelle von einem Starbucks sollte man einen „Izakaya" aufsuchen. Dies ist ein, in japanischem Style, eingerichteter Pub, der Alkohol und japanische kleine Gerichte serviert, die neben dem Alkohol gut verzehrt werden können. Ein gutes Beispiel dafür ist das „Kirin City".

5. Geben Sie kein Trinkgeld und zählen Sie das Wechselgeld nicht nach:

✓ Guter Service wird in Japan in jedem Lokal vorausgesetzt, damit verbunden natürlich auch Ehrlichkeit. In den meisten Ländern ist es ganz normal, Trinkgeld für die Bedienung zu geben. Je netter und freundlicher die Bedienung, desto höher das Trinkgeld. In Japan wird das aber als beleidigend angesehen, wenn man beim Verlassen des Lokals Geld liegen lässt. Da der Standard für guten Service in Japan normal ist, wirkt es dann so, als würde man das Personal dafür bezahlen, das sie ihre Arbeit gut machen, dabei ist es ja wie gesagt Standard. In vielen Fällen läuft einem das Personal dann auch hinterher, da sie denken man hätte das Wechselgeld „vergessen". Außerdem ist es sehr unhöflich, das Wechselgeld vorsichtshalber noch mal zu zählen, um zu gucken, ob sich die Bedienung nicht verrechnet hat oder vielleicht sogar Geld für sich einbehalten hat. Auch wenn so etwas in vielen anderen Ländern der Fall sein sollte, dass man sozusagen „ausgenommen" wird, ist das in Japan nicht der Fall. Dies gehört ebenfalls zu dem guten Service, daher kann man davon ausgehen, dass das Wechselgeld immer stimmt. Und selbst wenn es nicht stimmen sollte, war es wirklich nur ein Rechenfehler, der dem Mitarbeiter dann auch hochpeinlich sein wird, außerdem wird sich besagte Person mehrere Male bei einem entschuldigen.

6.   Verbeugen Sie sich:
✓   Verbeugungen sind ein wichtiger Teil der japanischen Kultur. Es gibt sogar verschiedenen Arten der Verbeugung, für verschiedene Situationen. Als Reisender ist es aber am wichtigsten und am nützlichsten, wenn man sich zur Begrüßung verbeugt, wenn man jemanden dankt oder sich bei jemandem

entschuldigt. Wenn Sie sich verbeugen, lassen Sie Ihren Rücken gerade und lehnen nur Ihre Hüfte nach vorne, das sorgt auch dafür das man keine Rücken- oder Nackenschmerzen bekommt. Natürlich verbeugt man sich auch immer dann, wenn sich das Gegenüber zuerst verbeugt. Würde man dies nicht wiedergeben, wäre das sehr unhöflich. Wenn man auf einen Geschäftspartner trifft, verbeugt man sich immer erst dem Chef gegenüber, auch wenn eine Frau anwesend sein sollte. Händeschütteln ist ein absolutes No Go.

7. Verhalten Sie sich ruhig in Zügen oder Metros:
✓ Wenn Sie mit dem Zug oder der Metro unterwegs sind, vermeiden Sie Anrufe. Das bedeutet, keine tätigen und auch keine annehmen, außerdem sollte Ihr Handy auf stumm sein, um keinen zu stören. Das beinhaltet natürlich auch laute Musik und sprechen in lauterem Ton. Selbst schreiende Babys werden von ihren Eltern in die Zwischenabteile gebracht, wo keiner ist und keiner gestört wird. Natürlich fragen Sie sich jetzt bestimmt, warum man das machen muss. Das ist ganz einfach, viele schwer und lange arbeitenden Menschen sitzen ebenfalls in den

Zügen oder Metros und nutzen die Zeit um ein kleines, erholsames Schläfchen zu tätigen. Falls es jedoch ein wirklich wichtiger Anruf sein sollte, der nicht warten kann, dann begeben Sie sich bitte zu dem gleichen Aufenthaltsort, wie die Eltern mit ihren schreienden Kindern.

8. Fahren oder laufen Sie immer auf der linken Straßenseite:

✓ Wie auch in England ist es in Tokio typisch, auf der linken Straßenseite Auto zu fahren, mit dem Lenkrad auf der rechten Seite des Autos. Dazu kommt, dass natürlich auch auf der linken Straßenseite gelaufen wird, in einem Fluss mit den Autofahrern. Also im genauen Gegenteil zu Deutschland. Es wird auch sehr ungern gesehen, wenn man in jemanden hereinläuft und ihn dadurch aufhält, auf seinem Weg wohin auch immer. Man zeigt den Menschen Respekt ihrer verfügbaren Zeit gegenüber.

9. Bevor Sie einen Schluck von Ihrem alkoholischen Getränk nehmen, stoßen Sie mit den anderen an und sagen dann laut „kanpai“:

✓ Wenn Sie in einem Lokal wie ein richtiger

waschechter Japaner handeln möchten, müssen Sie sich auch an die Trinkgewohnheiten der Japaner gewöhnen. Hier ist es völlig normal, sich nach einem langen Arbeitstag irgendwo mit Freunden oder Kollegen zu treffen und sich ein alkoholisches Getränk zu genehmigen. Also, bevor Sie einen Schluck nehmen, erheben Sie Ihr Glas, sprechen einen Trost aus und sagen daraufhin „kanpai" und erst dann dürfen alle trinken. Kanpai bedeutet so viel wie „leeres oder trockenes Glas".

10. Benutzen Sie mindestens einmal einen Verkaufsautomaten:

✓ In Tokio findet man wirklich an jeder Ecke einen Verkaufsautomaten, selbst an den abgelegensten Stellen und Orten. Es gibt an die 5,5 Millionen Verkaufsautomaten, verteilt über das ganze Land, gefüllt mit allem, was man sich nur vorstellen kann. Es gibt Maschinen gefüllt mit Eiscreme, Regenschirmen, heißen Nudeln, Pizza, Sake (ein sehr bekanntes japanisches alkoholisches Getränk), Eiern, Obst wie Bananen oder Äpfel, Kuchen, Regenbekleidung und vielen, vielen weiteren nützlichen Sachen. Sogar in manchen Restaurants bestellt man sein Gericht an einem solchen Automaten und bekommt dieses dann an den Tisch gebracht.

11. Putzen Sie sich Ihre Nase nicht lautstark in der Öffentlichkeit:

✓ Die Japaner betrachten es als sehr unhöflich, wenn man sich lautstark die Nase putzt, vor allem bei einem Besuch zum Essen, am Esstisch selbst. Bei einem Besuch sollte man immer den Raum verlassen, um sich die Nase zu putzen. In der Öffentlichkeit dreht man sich am besten von der Masse weg und reibt sich die Nase mit einem Taschentuch sauber. Es gibt auch verschiedene Firmen die Taschentücher mit ihrem Firmenlogo auf der Straße gratis aushändigen.

12. Behalten und sammeln Sie Ihren Müll solange, bis Sie einen Mülleimer finden:

✓ Mülleimer sind leider sehr schwer zu finden und Mangelware in japanischen Städten, trotzdem ist es überall super sauber und frei von Müll. Das liegt daran, dass die Japaner ihren Müll wirklich so lange bei sich behalten, bis sie einen Mülleimer finden. Da die Japaner aber auch nicht beim Laufen essen, trinken oder rauchen, brauchen sie zwischendurch keine Mülleimer. An den vorgesehenen Ess- und Raucherecken befinden sich natürlich Mülleimer. Außerdem findet man welche an Einkaufsläden und öffentlichen Toiletten. Sollte man jedoch keinen finden auf seinem Weg, dann nimmt man den Müll mit in sein Hotel und wirft ihn dann da weg. Anders als in anderen Ländern, schätzen die Menschen in Japan eine saubere und gepflegte Umgebung und sorgen dafür, dass diese auch so bleibt.

13. Probieren Sie mindestens einmal abgepacktes essen aus einem Supermarkt aus:

✓ Wir kennen das ja alle, „abgepacktes Essen schmeckt nach nichts und ist meistens von schlechter Qualität". Tja, in Tokio ist das anders. In japanischen Supermärkten gibt es abgepacktes Essen im Überfluss, ob Chicken Nuggets, heiße Nudeln, Brote, Sushi, Eiskaffee und viele weitere superleckere Snacks für den kleinen Hunger zwischendurch. Dazu kommt, dass jedes Essen von erstklassiger Qualität ist und vieles sogar warm, wenn nicht sogar heiß, serviert wird. Finden tut man diese auch in sogenannten „Family Mart and Lawson". Was auch nicht zu verachten ist, ist, dass die Waren alle zum kleinen Preis angeboten werden. Was will man mehr? Super-leckeres Essen zum kleinen Preis.

14. Unterstützen Sie Geschäfte und Kultur mit dem Kauf von Souvenirs:

✓ Es gibt so viele wunderschöne, handgemachte Souvenirs in Tokio. Ob faltbare Fächer, mit Wasser-farben gemalte Gemälde, Gegenständen aus Holz ge-fertigt, Glücksbringer und vieles mehr. Dies trägt auch dazu bei, die japanische Kultur weiterzuführen.

15. Kleiden Sie sich immer konservativ und einfach:

✓ In vielen Tempeln wird einem der Zugang ver-wehrt, wenn man seine „dreckigen" Schuhe nicht vorher auszieht, damit man den Dreck nicht in den Tempel trägt. Wenn man also Sandalen, Ballerinas o-der andere Schuhe anhat, in denen man keine So-cken trägt, muss man damit rechnen, einen Tempel barfuß zu betreten. Wenn man dies vermeiden möchte, sollte man immer ein Paar saubere Socken dabei haben. Man erkennt auch daran, ob vor dem Tempel schon mehrere Schuhe stehen, ob man seine eigenen ausziehen sollte oder nicht. In den Badezim-mern der Hotels gilt das gleiche, die Schuhe müssen vorher ausgezogen werde. Dort stehen jedoch immer ein paar Slipper für einen bereit, damit man hier nicht barfuß eintreten muss. Für Frauen wäre es von Vorteil, wenn man Kleidung trägt, die Schultern und Brüste bedeckt. Andererseits sind kurze Hosen dafür umso beliebter, ob bei Frauen oder Männern. Dazu kommt, das schwangere Frauen keine engen Sachen tragen sollten, die ihren Babybauch zeigen, da viele Lokale über diesen Anblick nicht erfreut sind.

16. Schalten Sie Ihr Handy aus oder auf stumm, wenn Sie Orte betreten, die mit viel Respekt behandelt werden:

✓ Wenn Sie einen Tempel, einen Schrein oder andere religiöse, respektvolle Orte betreten, denken Sie immer daran, Ihr Handy aus oder auf stumm zu schalten, da man sonst die anderen Besucher stört. Nicht nur beim Besichtigen, sondern auch beim Beten. Anrufe tätigen oder annehmen, sind natürlich auch tabu.

17. Visitenkarten nicht sofort einstecken:

✓ Wenn man von einem Geschäftspartner oder irgendeinem Menschen in Tokio eine Visitenkarte bekommt, nimmt man diese immer mit beiden Händen an, da Visitenkarten in Japan sehr geschätzt werden. Auf dieser Karte stehen persönliche Daten eines Menschen, sie spiegelt einen wider, deshalb darf man ihr nicht wenig Beachtung schenken und sie nicht wie irgendein Stück Papier behandeln. Nachdem man die Karte mit beiden Händen angenommen hat, liest man sie sich einmal durch, um dem Gegenüber Beachtung zu schenken, und hält diese dann die restliche Zeit in der Hand.

18. Richtiges Benehmen bei einem Hausbesuch, einem Meeting oder in der Öffentlichkeit:

✓ Die Schuhe werden immer an der Haustür ausgezogen und abgestellt. Jeder japanische Haushalt besitzt Gästehausschuhe. Sogar Rettungssanitäter ziehen bei einem Einsatz vorher ihre Schuhe aus, um die Wohnung nicht zu verschmutzen.

✓ Wenn man die Toilette benutzt, darf man die Gästehausschuhe nicht anlassen. An der Badezimmertür stehen extra „Badezimmerhausschuhe".

Verlässt man die Toilette wieder, muss man wieder seine anderen Hausschuhe anziehen.

✓ Isst man Suppe, benutzt man ebenfalls die Essstäbchen und nicht den Löffel. Dazu kommt, dass man die Suppe am besten lautstark schlürft, damit jeder weiß wie gut es einem schmeckt.

✓ Tee schenkt man sich nicht selbst ein, Tee wird immer von dem anderen Partner eingeschenkt. Daher ist es auch sehr unhöflich, wenn man zuerst einen Schluck aus seiner Tasse nimmt, bevor man seinem Partner nicht eingeschenkt hat. Außerdem füllt man die Tasse des anderen immer schon wieder auf, bevor sie alle ist, damit man immer genug zu trinken hat.

✓ Kein Händeschütteln. Es wird sich zuerst vor dem Chef verbeugt und dann vor den anderen Mitarbeitern, auch wenn eine Frau im Raum ist, hat der Chef Vorrang.

✓ Visitenkarten die richtige Aufmerksamkeit schenken und sie in der Hand behalten.

✓ Nicht einfach irgendwo hinsetzen im Besprechungsraum, da jeder einen zugewiesenen Platz hat. Der Chef sitzt nie an der Tür, da es der schlechteste Platz ist, mit den meisten Störungen. Der Chef sitzt nicht am Kopfende des Tisches, aber trotzdem mit Blick zur Tür. Daneben sitzt der Assistent des Chefs. An der Tür sitzt ein niederer Angestellter. Gegenüber vom Chef sitzen die Gäste und Gesprächspartner. Am anderen Kopfende sitzt wieder ein niederer Angestellter, da man an den Kopfenden des Tisches eher isoliert sitzt.

✓ Beine überschlagen beim Sitzen gehört sich nicht, es gilt in Tokio als Beleidigung so leger zu sitzen. Am besten immer mit angewinkelten Beinen am Tisch sitzen, damit sich keiner unwohl fühlt.

✓ Öffentliches Flirten ist in Tokio strengstens untersagt, genau wie Händchen halten und Küssen. So etwas Intimes wird nur zuhause oder in einem Liebeshotel erlaubt. Wenn man mit jemanden in der Öffentlichkeit redet, dann meistens eher über belanglose Themen wie das Wetter.

✓ Benutzen Sie einen Mundschutz, wenn Sie krank sind, um andere nicht anzustecken oder mit Ihrer laufenden Nase anzuwidern. Außerdem setzen Sie einen Mundschutz auf, wenn Sie auf kranke Personen treffen, um sich nicht selbst anzustecken.

✓ Vor dem Essen immer gründlich die Hände reinigen. Meisten bekommt man dafür ein parfümiertes

Tüchlein aus Frottee oder als Einweghandtuch. Genannt werden diese Art Tücher „O-shibori", mit welchen man sich vor dem Essen gründlich die Hände reinigt, aber auch nur die Hände. Nicht die Arme, das Gesicht, den Nacken oder ein anderes Körperteil. Auch nicht, wenn es draußen sehr warm ist und man stark verschwitzt ist.

✓ Bevor Sie mit dem Essen beginnen, sagen Sie „Itadakimasu" und bedanken sich somit dafür das Sie das Essen dürfen. Itadakimasu bedeutet „Ich empfange". Wenn Ihnen ein Essen besonders gut schmeckt, sagen Sie „Oishii", das lobt das Essen nochmal einzeln. Wenn Sie das Haus oder das Restaurant verlassen, richten Sie sich an das Personal, oder bevorzugt an die Köche, wenn diese in Sicht- und Hörweite sind und sagen Sie „Go-chisou-sama deshita", womit Sie ihren Dank noch mal zum Ausdruck bringen.

✓ Wenn Sie in Japan Sushi essen, träufeln Sie die Sojasoße nie direkt über das Sushi. Die Sojasoße wird in einer dafür vorgesehenen Schale serviert und aus dieser auch nicht entfernt. Man dippt das Sushi direkt in die Schale. Wichtig: nicht die Seite mit dem Reis in die Soße tunken. Außerdem das Sushi immer im ganzen essen, nicht durchbeißen.

Die Freizeit der Japaner

Selbst nach einem langen Arbeits- oder Schultag gehen die Japaner nicht einfach nach Hause, um sich zu entspannen. Sie sind meistens den ganzen Abend mit Freunden oder Kollegen unterwegs.

Sehr beliebt sind Karaoke-Bars bei Japanern in Tokio. Karaoke setzt sich aus den Wörtern „Kara", was so viel bedeutet wie „leer", und dem Wort „Oke", was so viel bedeutet wie „Orchester", zusammen. Beim Karaoke singt man in eine dafür hergestellt

Maschine zu bekannten Liedern, jedoch werden die Lieder nur Instrumental gespielt und auf einem Monitor sieht man passend dazu den Text, um mitsingen zu können. Die erste Karaokemaschine gab es 1971, erfunden von Daisuke Inoue. Aus dieser Erfindung entwickelten sich später auch die uns allseits bekannten Castingshows. Dort trifft man sich meistens mit mehreren Leuten, sitzt zusammen, isst und trinkt etwas, unterhält sich und singt nebenbei an einer Karaokemaschine so viel, wie man kann.

Ob man dabei jeden Ton trifft oder komplett schief singt, ist nicht wichtig. Hauptsache man hat Spaß. Geöffnet sind Karaoke-Bars meistens von 11:00 Uhr abends, bis 03:00 Uhr morgens. Tagsüber sind auch einige Bars geöffnet und weitaus günstiger, da die meisten Leute erst abends Zeit haben, eine solche Bar zu besuchen. Meistens befinden sie sich in der Nähe von Bahnstationen. Die bekanntesten Karaokeketten sind die „Shidax" und die „Karaoke-kan". Der gravierendste Unterschied in den verschiedenen Bars ist die Innenausstattung, so sind einige zum Beispiel im traditionell japanischen Style dekoriert, andere wiederum sind schon viel moderner eingerichtet. In vielen Karaoke-Bars gibt es ein

„All you can sing" Angebot, zu einem festgelegten Preis. Vorher zu reservieren ist immer eine gute Idee, da sie vor allem an Wochenenden und in den Abendstunden gut besucht sind.

Aufgeteilt sind die verschiedenen Karaokemaschinen in Boxen, so das man als Gruppe auch seine Privatsphäre genießen kann. Passend dazu befindet sich in jeder Box ein Telefon, damit man sich immer wieder Getränke und Snacks nachbestellen kann, ohne die Box verlassen zu müssen. Alles was man bestellt wird von einer Bedienung direkt an Ihre Box serviert. Berechnet werden das Essen und Trinken jedoch gesondert und am Ende des Abends erst bezahlt. Natürlich befindet sich in jeder Box ein Tisch, mit mehreren bequemen Sitzmöglichkeiten, meistens ins Couchform. In manchen Bars befindet sich sogar ein Buffet, an dem man sich den ganzen Abend immer wieder Essen nachholen kann. Berechnet wird dafür ein „All you can eat" Festpreis. Manchmal wird zusätzlich sogar noch ein „All you can drink" angeboten. In einigen Karaoke-Bars von früher, die noch auf dem ganz traditionellen und alten Stand sind, gibt es keine eigenen Boxen zum Singen. Dort sitzt man mit fremden Menschen in einer großen Halle und muss dann auch vor diesen singen, wenn man singen möchte. Hier wechseln sich die Gruppen beim Singen ab.

Außerdem sehr beliebt sind sogenannte „Onsen", dies sind japanische Gemeinschaftsbäder, aufgeteilt in ein Männer- und ein Frauenbad, wobei die Frauen immer hinter dem roten Vorhang verschwinden und die Männer hinter dem blauen. Bevor man die Umkleide betritt, muss man wieder seine Schuhe ausziehen, Schlappen anziehen und kann seine Schuhe dann in einem Schließfach für 100 Yen in Münzen einschließen. Sollte man jedoch seinen Körper mit einem Tattoo verziert haben, wird einem der Zugang in ein Onsen verwehrt. Der Eintrittspreis liegt bei ungefähr 800 Yen, was umgerechnet grob 6 Euro sind. Wenn Sie hinter dem Vorhang verschwunden sind, lassen Sie ihre Schlappen zurück und gehen entweder barfuß oder auf Socken weiter. Danach entkleiden Sie sich komplett, stecken Ihre Haare, wenn nötig hoch und verdecken nur mit einem kleinen Handtuch Ihren Intimbereich, danach betreten Sie das Bad. Bevor Sie das Becken betreten, müssen Sie ihren Körper an den Duschen gründlich waschen. Shampoo und Duschgel sind an den

Duschen vorhanden, heißt: man muss keines mitbringen. Sobald Sie das Becken betreten, nehmen Sie das Handtuch von Ihrem Intimbereich und legen es auf Ihren Kopf, da die Handtücher nicht in das Becken gehören und man vom Personal auch Ärger bekommt, wenn man dies missachtet. Wenn es einem drinnen zu warm wird, kann man auch auf das Außenbad wechseln. Dort wird man von einer frischen Brise etwas abgekühlt. Erst kurz bevor Sie das Bad verlassen, duschen Sie sich erneut ab und waschen erst dann auch Ihre Haare. Im Anschluss kann man sich in einem Ruheraum auf einen Massagestuhl legen und etwas schlafen, wenn man möchte. Wenn man einen Onsen in der Woche besucht, muss man weniger zahlen als am Wochenende.

Bei der jüngeren Generation kommen auch die japanischen Spielhallen nach der Schule super an. Sie werden auch „Game Center" genannt und bezeichnen große Gebäude die einzig und allein auf die Unterhaltung der Japaner ausgelegt sind. Die ersten Spielhallen wurden in den 70er Jahren erbaut und beinhalteten Spiele wie „Space Invaders". Heutzutage beinhalten japanische Spielhallen Greifautomaten, auf Genauigkeit basierende Spiele,

Rhythmusspiele, Kampfspiele und Rennspiele, bei denen man das Gefühl hat, tatsächlich das Fahrzeug zu fahren. Natürlich gibt es noch viele weitere Unterhaltungsspiele in den Hallen, die man gar nicht alle aufzählen kann.

Die Automaten starten, sobald sie mit Münzen gefüttert werden. Überall im Umkreis stehen auch Wechselautomaten, damit man seine Scheine in Münzen umtauschen kann. Ein Standardspiel kostet meistens an die 100 Yen (82 Cent), es gibt aber auch sogenannte Spielpakete, die dann bis zu 500 Yen kosten, wo man gleich mehrere Spielversuche hat. Es gibt jedoch auch Spiele, wo ein Spiel bis zu 400 Yen kostet, da diese meistens mit zusätzlichen Utensilien gespielt werden und die Maschinen an sich größer sind. Unter anderem findet man in jeder Spielhalle auch „Purikura Fotoautomaten", die es einem ermöglichen mit Freunden lustige, schöne oder auch lächerliche Bilder zu machen. Danach kann man die Bilder auch noch mit allen möglichen Filtern bearbeiten, ob normale Filter, Sticker, Schriftzüge oder anderen Sachen. Man erhält immer zwei Sätze der Fotos als Klebefolie, so dass man sie danach einfach überall platzieren kann. Eine Fotoaufnahme kostet an die 400 Yen pro Aufnahme und druckt danach zwei Exemplare des Fotos. Es gibt auch Automaten, die mit metallenen Wertmarken funktionieren, diese kann man vorher gegen echtes Geld eintauschen. Wenn man ein Spiel gewinnt, erhält man neue Marken und kann diese entweder erneut gegen ein Spiel eintauschen oder man kann sie sammeln und später gegen einen Gewinn eintauschen.

Außerdem gibt es in den Hallen auch viele Simulatoren. Maschinen, bei denen man einen riesigen Roboter spielt oder einen Lokführer der einen Zug steuert. Man kann sich auch an einem der Automaten eine Mitgliedskarte kaufen. Diese Mitgliedskarte kostet zwischen 500 und 1000 Yen. Des Weiteren gibt es mehrere verschiedene Mitgliedskarten. Diese Karten kann man vorher bei vielen Automaten einscannen und somit Spieldaten speichern, zum Beispiel freigeschaltete Inhalte, Musik und Toneinstellungen. Am besten ist es, wenn man sich erst eine Karte holt, wenn man weiß, welche Spiele einem an besten gefallen, so kann man sich von Anfang an die passende Karte für die passenden Automaten holen. Nicht das man nachher eine falsche Karte gekauft hat und sie bei den Lieblingsspielen nicht funktionieren.

Mittlerweile gibt es in ganz Japan an die 4800 Game Center.

Für die Schüler gibt es speziell von der Schule aus noch sogenannte „Clubs" oder „Zirkel", denen sie beitreten können und in denen sie nach der Schule ihre Zeit verbringen. Die Aktivitäten in diesen Clubs variieren stark von körperlichen Aktivitäten wie Fußball, Schwimmen oder Tanzen, bis hin zu geisteswissenschaftlichen Themen wie Astronomie, Schach und Theater. Es ist wirklich für jeden etwas dabei. So können die Schüler auch schon mal erste Erfahrungen sammeln, was ihnen in Zukunft auf beruflicher Ebene Spaß machen könnte. Zudem lernen sie dort neue Freunde kennen, knüpfen Kontakte und vertiefen ihre Interessen.

Natürlich gibt es in Tokio auch uns bekannte Freizeitaktivitäten wie Kinobesuche, Bowling auf einer Bowlingbahn mit Freunden oder der Familie, ein Theaterbesuch, Bars und Nachtclubs und Einkaufscenter. Viele Japaner vertreiben sich die Zeit genau wie wir.

Außerdem sehr beliebt sind verschiedenen Konzerte, nur dass diese in Japan teilweise etwas anders ablaufen als bei uns. Ein sehr beliebtes, meist ausverkauftes Konzert ist von „Hatsune Miku". Hatsune Miku ist, einfach beschrieben, eine singende animierte Animefigur, die auf einer großen Leinwand über die Bühne hüpft. Ihre Stimme klingt sehr technisch und melodisch. Dazu gehören noch andere animierte Figuren, die mit ihr zusammen singen und eine Art Gruppe darstellen. Außerdem gibt es noch sogenannte „Idols", die mehr wegen ihrem süßen Aussehen an Berühmtheit erlangen als mit ihrer Stimme an sich. Diese Idols machen dann auch meistens irgendwelche Werbespots, stellen eigene Figuren her, die sie verkaufen, T-Shirts, haben Auftritte im Fernsehen und vieles mehr. Sie selbst sind eigentlich nur anwesend, alles weitere entscheidet und plant der Manager der Idols.

Dadurch das es in Tokios Umland mehrere Berge gibt, bietet es sich an, Wander- oder Hikingausflüge zu machen, die manchmal auch mehrere Tage in Anspruch nehmen. Viele versteckte, wunderschöne Tempel entdeckt man unter anderem auch nur, wenn man die Berge erkundet, da viele Tempel wirklich an den abgelegensten Orten anzutreffen sind. Man kann aber auch atemberaubende Wasserfälle, Lichtungen oder

Aussichtspunkte bei seiner Wandertour entdecken. Außerdem ist Wandern ein super Ausgleich, um dem Großstadtdschungel zu entkommen, zu entspannen und die Natur zu erkunden.

Japanische Feste

Japanische Feste finden jedes Jahr zur gleichen Zeit statt. Die Menschen versammeln sich entweder in einem Tempel oder um einen Schrein. Früher bedeuteten die Feste die Ahnen und Götter zu ehren oder für die gute Ernte zu danken, manchmal auch um für eine gute Ernte zu bitten. Heutzutage ist die Bedeutung des Festes gar nicht mehr der wichtigste Grund für das Fest, sondern das Feiern an sich, ist wichtiger geworden. Bei einem japanischen Fest wird meistens ein hübsch geschmückter Schrein aus dem Tempel getragen. Tragbare Schreine werden „Omikoshi" genannt. In dem Schrein soll ein Gott sitzen, der während des Festes umhergetragen oder wild umher geschwungen wird. Manchmal wird der eine Schrein auch mit einem anderen Schrein zusammengestoßen, dies variiert aber je nach Region. Die Menschen, die den Schrein umhertragen, schreien meistens Worte wie „Essa" oder „Wasshoi". Der geschmückte Wagen, auf dem der Schrein platziert ist, „Dashi" genannt, wird entweder auf den Schultern getragen oder auf Rädern umhergezogen. In anderen Regionen gibt es einen anderen Begriff für Dashi. Das Kishiwadadanjiri Fest ist eines der berühmtesten Feste in Japan, bei denen ein Wagen geschmückt wird.

Dazu kommt noch, dass es bei vielen Festen eine Parade gibt, bei denen die Darsteller wunderschöne bunte Kostüme tragen und tanzend durch die Stadt marschieren. Begleitet wird die Parade von Trommeln und Flötenmusik, die man schon von Weitem hören kann. Bei der Parade zuschauen kann man kostenlos von der Straßenseite aus, mit all den anderen Zuschauern. Neben den Parade-Festivals gibt es auch noch Feuer- und Lichtfestivals, bei denen logischerweise Feuer und Laternen eine große Rolle spielen. Die Laternenfeste finden meistens im

August zur Odon-Zeit statt. Es gibt bei jedem Festival eine Vielzahl an großen Essensständen und mehreren kleineren Ständen, die Souvenirs, leckere Süßigkeiten, herzhafte Pizzen oder Meeresfrüchte verkaufen. Bei den meisten Festen werden der Beginn und das Ende des Festes mit einer Show oder einem Feuerwerk eingeleitet.

Bei den meisten Festivals mischen sich die verschiedenen Attraktionen aber auch, sodass es manchmal mit einer Parade anfängt und man mittendrin noch mal ein Feuerwerk hat oder eine spezielle Performance von professionellen Darstellern gezeigt wird. Die Frauen tragen traditionell bei solchen Festen einen schönen Kimono oder ein Yukata, je nachdem wie kalt oder warm es ist. Wenn man mal ein Fest verpassen sollte, ist das kein Grund zur Trauer, das nächste steht nämlich schon vor der Tür. Da es knapp 190.000 Tempel und Schreine gibt, gibt es auch mehrere hunderttausend Feste in ganz Japan, die landesweit gefeiert werden. Das erste Fest des Jahres ist immer das „Hatsumode - 01. bis 03. Januar jeden Jahres". Bei diesem Fest bittet man um göttlichen Schutz und Glück für das neue Jahr. Man spendet dem Tempel etwas Geld und bekommt dafür einen Orakelzettel, auf dem steht wie Ihr neues Jahr wird. Dazu kauft man noch einen Talisman für das kommende Jahr, der noch mehr Glück bringen soll. Passenderweise kann man Hatsumode selbst im Meiji-jinju Schrein in Tokio betreiben, da dieser dort auch gefeiert wird. So ein Fest ist für jeden Fan der japanischen Kultur ein Muss.

Persönliche Meinung über Tokio

Ich persönlich kann nie genug von Japan, Tokio und seinen Mitbewohnern bekommen. Es gibt so viele verschiedene, wunderschöne und verrückte Sachen in Tokio zu sehen und vor allem auch mitzuerleben. Abgesehen von der reizvollen und schlicht eleganten Kultur, die man unbedingt mindestens einmal im Leben mit eigenen Augen gesehen und mit eigenen Händen gefühlt haben sollte, hat

Tokio einfach noch so viel mehr zu bieten. Viele Dinge habe ich ja bereits genannt und genauer erläutert. Hoffentlich hat Ihnen mein kleiner Tokio-Reiseführer gefallen und Sie dazu animiert, in Ihrem nächsten Urlaub Tokio besichtigen zu wollen und somit eine Reise dorthin zu planen und zum anderen Ihre Reise hiermit um einiges angenehmer, leichter und sehenswerter gestalten zu können. Auch wenn ein Flug von Frankfurt nach Tokio durchaus schon mal über 10 Stunden dauert, kann man diesen schon ab ca. 500 € bekommen. Die beste Reisezeit ist im November, da es zu dieser Zeit am trockensten und die Temperaturen relativ mild sind. Günstigere Flüge sind mit Zwischenstopps in Hongkong oder Peking verbunden. Vielleicht ist dafür ein zusätzlicher Städtetrip beim Zwischenstopp möglich. Am Flughafen in Tokio bekommt man ein Visum und benötigt zur Einreise einen Reisepass. In Tokio laufen die Uhren anders als bei uns in Deutschland, die Uhr läuft da 7 Stunden vor unserer Zeit. Um Ihren perfekten Trip zu planen, würde ich immer ein Reisebüro aufsuchen, da die Mitarbeiter immer den besten und preiswertesten Urlaub für Sie planen können.

Packliste

Geld & Finanzen

O (evtl.) Auslandswährung
O Bargeld
O Bauchtasche
O Brustbeutel
O Bauchtasche
O EC-Karte
O Kreditkarte
O Notfall-Telefonnummern der Banken
O Portmonee

Hygiene

O Haarbürste / Kamm
O Deo (klein)
O Shampoo
O Kulturtasche
O Sonnencreme
O Taschentücher

O Reise-Zahnbürste und Zahnpasta
O Verhütungsmittel

Kleidung

O Badeklamotten
O Gürtel
O Hosen kurz / lang
O Mütze / Cap / Hut
O Pullover
O Regenjacke
O Schlafanzug
O Socken
O Sonnenbrille
O Sportklamotten / Jogginghose
O T-Shirts
O Unterwäsche

Medikamente

O Blasenpflaster
O Anti-Durchfalltabletten
O Erste-Hilfe-Set

O Fiebertabletten

O Fiebertabletten

O Mückenschutz

O sonstige Medikamente

O Pflaster

O Kopfschmerztabletten

Unterlagen & Papiere

O ADAC Unterlagen

O Adresslisten für Postkarten

O Krankversicherungsnachweis

O Stadtplan

O Führerschein

O Unterlagen für die Unterkunft

O Wasserdichte Hülle für Reiseunterlagen

O Impfausweis

O Mietwagenunterlagen

O Personalausweis

O Reisepass

O Reisetagebuch

O evtl. Studentenausweis

O evtl. Visum

O Zug- / Bahn- / Flugticket

Taschen & Rucksäcke

O Koffer / Trolley / Reisetasche

O Regenhülle für Rucksack

O Rucksack

Schuhe

O Badeschlappen / Hausschuhe

O Schuhe und Wechselschuhe

Sonstiges

O Brille / Kontaktlinsen und Etui

O Buch zum Lesen

O Ohrenstöpsel und Schlafmaske

O Regenschirm

O Reisedecke

O Wasserflasche

O Wörterbuch

Elektronik

O Digitalkamera
O Handy
O Ladekabel
O Kopfhörer
O evtl. Steckdosenadapter
O Power-Bank

Herstellung und Verlag:

BoD – Books on Demand, Norderstedt

ISBN: 9783750481657

1. Auflage

Kontakt: Psiana eCom UG/ Berumer Str. 44/ 26844 Jemgum

Covergestaltung: Fenna Larsson

Coverfoto: depositphotos.com

FSC
www.fsc.org

MIX

Papier aus ver-
antwortungsvollen
Quellen
Paper from
responsible sources

FSC® C105338